Orphée

Divoire, Fernand, 1883-

ORPHÉE

Cérébraux, prose.

Poètes, vers.

Faut-il devenir mage ? étude.

Flandre, vers.

La danseuse de Diane, prose.

Metchnikoff philosophe, étude.

L'amoureux, vers.

Introduction à l'étude de la Stratégie littéraire.

Les rubriques littéraires.

Exhortation à la Victoire, chœur tragique.

Naissance du poème, prose symphonique.

Ames, vers.

Isadora Duncan, fille de Prométhée, prose.

Le grenier de Montjoie.

Gabriel-Tristan Franconi, étude.

Rapport sur les tendances nouvelles de la poésie.

ORPHÉE

PAR

FERNAND DIVOIRE

PARIS

78, Boulevard Saint-Michel, 78.

1922

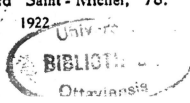

CHANT I

ORPHÉE ET LA MORT

I. — SOLITUDE SOLAIRE

La dryade Eurydice est morte.
Devant la mer de Thrace et ses vagues d'hiver
Orphée est seul. Ses pleurs sèchent au vent amer.

Eurydice, Eurydice est morte.
La fuyante Koré l'emporte
Au tourbillon de son escorte.

Orphée, Orphée est seul et connaît la douleur,
Car il n'est pas permis de livrer aux vendanges
Un cœur où le soleil reflète sa ferveur
Et de recevoir en échange
Le don pareil d'un autre cœur.

2. — ORPHÉE LE PUR

Quand Orphée accepta l'amour de la dryade
Austère dieu jaloux, il vivait sous ta loi.

    Les noires panthères nomades
    Entendaient alors dans sa voix
    La voix juste qui persuade.

    Alors s'ouvrait devant son calme éclat
— Rayonnement modérateur du solitaire —
    La foule barbare et prompte aux colères
    Des Hyperboréens rieurs, ses frères.
    Mais il passait, ne les connaissant pas

3. — ORPHÉE LE CONSTRUCTEUR

Il connut Eurydice.
Présence féconde, Eurydice.

Alors, avec sagesse, il construisit.
Elle veillait auprès de lui,
Entre le monde et lui médiatrice.
Et lui, dans ses poèmes, témoignant,
Expliquait le monde. Et tout ce que nomme
L'ardente angoisse des vivants
Il le mesurait dans ses chants,
Fixant les règles, enseignant
e l'âme est immortelle, et surpassant les hommes.

Eurydice n'est plus. Fille de Talaon,
Il fallait que l'élu connût les stations
    Qui marquent leur voie aux fils d'Apollon,
       Le bel et triste dieu blond
       Dont l'amour frappe et calcine ;
       Le solitaire qui sait
       Les rythmes et les secrets
       Et les promesses divines ;
Le conseiller des dieux ; l'universel témoin
Dont le chant mène l'homme, et qui ne juge point
       Et qui seulement porte
Témoignage...
       Hélas, Eurydice est morte.

Orphée est seul, puni par ses vœux de bonheur,
       Qui retombent en pluie de pleurs.

5. — LE POIDS DES OMBRES

Orphée est vaincu par les ombres.

Son regard a cessé de tendre vers le ciel,
Vers les solitudes du ciel
Et l'abstrait domaine des nombres.

Depuis qu'il s'est penché vers ton monde charnel,
Eurydice, le Pur est sorti de la voie ;
Son pouvoir l'a quitté ; la Mort
A pu saisir la douce proie.

Orphée n'était plus assez fort
Pour écarter le flot des larves sombres,
Pour élever au jour le poids d'une ombre.

6. — EURYDICE DEUX FOIS PERDUE

Orphée regardait Eurydice
Et non point le précipice
Plein de fantômes innommés.
Eurydice montant auprès du guide aimé
N'avait de cœur que pour le guide
Et non pour le voyage et la montée aride.

« Sois mon égale et marche seule à mes côtés,
Disait-il ; Eurydice, Eurydice, sois forte. »
Eurydice, Eurydice est morte ;
Le mauvais maître qui n'a su que l'exhorter
Demeure seul, bonheur ôté.

7. — L'HARMONIE DÉCHIRÉE

L'unité de deux cœurs que voici déliée,
L'harmonieux amour que la mort a détruit,
Orphée en songe le recrée
De lui seul et de la tendre âme déchirée
Qui doucement veille sur lui,

Eurydice l'inoubliée.

8. — ORPHÉE ERRANT

Le fils du dieu connaît de sombres stations.

Seul devant la lyre muette
Et les tentations
D'une âme où librement les ombres se reflètent ;
Tourné toujours vers les rampantes visions
De l'ombre, Orphée erra de retraite en retraite.

Ah ! que ce soient comme autrefois
Les ombres éblouies qui se tournent vers-toi !

O poète errant, souviens-toi
De ce lumineux autrefois,

Quand Orphée était pur et dans la plénitude
          Paisible de la certitude.
          Alors l'absolu de la foi
Aveuglait son regard. Mains douces de la foi
Qui vous posez sur les paupières. Souples doigts
Maternels qui chassez les vagues multitudes
          De l'ombre. Absolu... Plénitude...

          Ah! baigne-toi de solitude.

9. — ORPHÉE AUX MÉNADES

Errant, prends garde de trahir,
De sourire aux ménades folles, dévêtues,
De traîner parmi leurs désirs
Ton inutile harpe, détendue.

Ne sois pas l'Orphée aux chaînes de fleurs,
Couronné de fleurs d'Ionie
Et qui renie, et qui oublie...

ORPHEUS. Mais célébrer la sereine splendeur,
Et guider d'un fil d'harmonie
Le vol de l'humaine âme en pleurs ;

Etre le bâtisseur
Dont la harpe construit les villes,
Voilà le grand Orphée ; et goûter la douceur,
L'âpre douceur où baigne une âme toute seule.

Les folles rôdent, c'est ton cœur,
Ton cœur,
Ah ! ton cœur divin qu'elles veulent.

10. — LE SEUL ENTOURÉ D'AMOUR

Oh! sois fidèle au souvenir
D'Eurydice l'inoubliée...

Mais toutes se sont fiancées
Avec Eurydice à ta destinée;
Et ton corps à leurs corps n'a cessé de s'unir
Dès qu'au corps d'Eurydice il dut appartenir.

Eurydice l'inoubliée...
Souvenir aimé qu'éloigne la mort...

Epargne l'amour de celles encor
Qui se déchirent la poitrine
En prononçant ton nom,

Orphée aux yeux lointains, Orphée aux cheveux blonds
Que la tristesse incline
Au-devant de ton front.

Chastement fidèle aux prières vaines
Qui rayonnent vers ton nom,
Vers ta triste douceur lointaine,
Épargne aux mille aveux fiancés à ton nom
L'espoir, le dépit et la haine.
Qu'un même doux refus s'oppose au même don
Des ménades aux fureurs vaines
Et des femmes doriennes.

II. — LES MÉNADES ET LE SECRET

Et dis-leur ton divin secret
Afin que, livré désormais
Aux furieux sabots de la cohue.
Tu sois foulé ; et que ta force répandue
Remonte vers toi, débridée, et tue.
Car c'est le prix que doit payer celui qui sait
Et dont le rôle est de verser à la cohue
Le vin dangereux de l'abstrait.

Partage ta science, Orphée ;
Et ta tête, sanglant trophée

Q̶ ̶a̶s̶ ̶e̶r̶s̶ ̶c̶a̶n̶d̶e̶s̶ ̶s̶e̶ ̶r̶e̶p̶a̶i̶t̶

Agite la foule enivrée
Autour de ta chair déchirée.

12. — LE DÉSERT D'ORPHÉE

Entre les rochers et la mer,
Où la Thrace barbare arrête son rivage,
Orphée erre, sauvage.
Il aspire le vent amer.

... Et tu voudrais, ô poète sauvage,
Avoir assez d'espace en ton cœur ruiné
Pour contenir un désert calciné.

O, que ce ne soit plus le désert qui t'accable,
Mais plutôt cette plaine où chemine sans fin
L'inquiète troupe innombrable
Errant sans fin
Sous l'obscurité du destin

13. — LE PRIX DU CHANT

Le chant ne trouve sa naissance
Que dans le cœur où la douleur et le silence
Attendent en veillant sa soudaine présence.

Donc, tais-toi, cœur d'Orphée ; éloigne tes regrets.
O cœur, tais-toi... Eurydice, Eurydice,
Orphée est prêt.

Ménades, il paiera le prix du sacrifice ;
Il paiera pour le chant où vivra le secret
Et qui vous guidera de loin, clair édifice.

14. — LES CENDRES DU CŒUR

Et s'il se tient, silencieux, devant la mer,
C'est encore qu'il a, pour notre exemple, offert
  Au vent du large un peu de cendres,
Tout ce qui lui restait d'un faible cœur de chair.

  Qu'ainsi chacun sache répandre
 Loin de son cœur l'impure et lourde cendre
   Des Titans foudroyés.

  Et dans la paix et le silence
 Qu'ainsi chacun reforme avec piété
  Une harmonieuse substance
  Autour d'un cœur purifié.

15. — ORPHÉE PURIFIÉ

Cœur pur. Il n'a plus rien à donner que sa lyre.
Mais c'est là le dépôt sacré,
La clef du monde aux intervalles mesurés,
Qu'il ne faut pas livrer
Au délire.

Orphée est en paix. Le chant attendu
Peut s'élever ; le cœur du poète s'est tu.
On n'entend plus
Que le vent dans l'espace
Et le bruit de la mer sur les rochers de Thrace.

Les ménades, par les forêts,
Courent avec des cris d'ivresse.
Oïoh ! ho! leurs appels de sommet en sommet
Se répondent sans fin ; mais aussitôt renaissent,
Insatisfaits.
Elles souffrent, Orphée.
Elles se frappent, assoiffées
De paroles et de secrets.
Leur chœur épars attend le coryphée ;
Leurs poings sanglants attendent le trophée
Et la coupe où luira le vin pur de l'Abstrait.

Les ménades ont soif du sang pur de l'Abstrait.
Quand chanterons-nous ton poème, Orphée ?

CHANT II

LA SÉRÉNITÉ D'ORPHÉE

17. — LES MORTES AUTOUR D'ORPHÉE

Ton chant est doux, Souvenir apaisé.
Le Silence veillant, le cœur a reposé.

La morte n'est pas morte.   ᥫ
Aucune des mortes n'est morte.
Les mains du Souvenir sont fortes ;   ᥫ
L'une tient le poète et l'autre tient les mortes.

Personne ici n'est mort
Que tous ceux qui sont morts,
Les vivants ne sont que des corps   ᥫ
Dociles, poursuivant l'effort têtu des morts.   ᥫ

Les morts autour de nous sont de la vie.
Et saisie et rendue il n'y a qu'une vie
Comme il n'y a qu'un fil de temps qui lie
Les siècles morts à la minute en vie.

Tes mortes sont auprès de toi.
Leur chant est doux. Le Souvenir donne sa voix
A ces mortes autour de toi.

Ah! que de vie, Orphée, autour de toi.

18. — DOUCEUR DES MORTES

Toute cette mort vivante, fluide,

T'enfante sans fin, t'apaise, te guide.

Toute cette vie, amoureusement,

Obéit à ton chant !

Sérénité. Toutes tes heures

T'entourent, demeurent.

Chère guirlande inoubliée : efforts,

Silences dorés, parfum des remords ;

Fragile guirlande que porte

Le long cortège de tes morts,

Des si présentes mortes,

De tes chers amis morts ;

Toi tout entier, années et paysages,
Tout toi-même dans leurs visages.
Ah ! souriant aux ombres, ton visage
— SÉRÉNITÉ — rayonne de douceur.

Tout ce qui a touché ton cœur
Lui reste infini de douceur.

19. — LE SPECTACLE HORS DU CŒUR

Mortes, mortes, baisers suprêmes...
Mais n'aimeras-tu point au-delà de toi-même?

Maintenant, tu es nu,
Nécromant de l'amour perdu, resteras-tu
Seulement quelqu'un qui a survécu?

Mortes, mortes, baisers suprêmes...

Tu n'avais que ton cœur et l'as sacrifié,
O pur, purifié, mais pauvre, dépouillé,
Et tu meurs de ta pauvreté. Hors de toi-même !

Mortes, baisers suprêmes, baisers froids...

Monde, vivant poème,
Air vif, monde clair ;
Musique du monde ;
C'est de cela qu'il faut pleurer. Grand chant du monde
C'est cela qui féconde.
Danse des univers
Sur toi, au ciel de Thrace.
Saltation des rythmes dans l'espace.
Entrechoc dansant des vagues. Et Mer,
Chant de la mer, horizon de la mer.
Plénitude. Air vif. Monde clair.

Ah ! sont-ce d'autres pleurs, maintenant, sur ta face ?

20. — LE RYTHME FRATERNEL

Et dis, en toi, quel rythme fraternel ?
Ecoute, en toi, l'unisson des appels.
 Oh ! fraternité du poète
Et des vivants de la terre et du ciel.
 Battements fraternels :
Rythme de ton cœur ; rythme universel
Et rythme dansant des hommes en fête.
Fraternité. O cœur fraternel du poète.

 Fraternelle ferveur
 En qui toute harmonie

4

Renaît et communie.

Cœur où toute harmonie

Trouve sa corde et vibre et communie .

Avec les ronflements de la danse infinie.

O Dorien, laisse faire ton cœur.

21. — CŒUR RETROUVÉ

Trouver la paix. Trouver le sage asile...
Ah ! puisque tu n'es plus que froide ombre stérile,
Solitude, sortir de ton ombre stérile.

Retrouver son cœur, qui se reconnaît.
Oh ! retrouver des liens pour son cœur, qui renaît.
O Cœur perdu, te rassembler ; te garder prêt ;

Trouver la paix. Et puis, donner la paix.

Orphée, ô constructeur de villes,
Donner la paix, entr'ouvrir un asile
A ces errants cœurs imparfaits.

22. — LA NOUVELLE ALLIANCE

Orphée, admettre l'homme et refaire alliance.
Trouver enfin sa propre ressemblance
Sur les muets visages de souffrance.
Se rapprocher, par sa faiblesse et sa souffrance,
Et souhaiter aux passants le bonjour,
O maître du cœur des bêtes sauvages !
Retrouver de l'amour,
Mettre sa part dans l'offrande d'amour,
Donner ses mains à la ronde d'amour,
Se donner enfin, Orphée. à l'amour.
Entre ces poings disjoints, pesants, prêts à l'outrage,
Créer l'harmonie de l'amour.

23. — LE DON CLAIRVOYANT

O clairvoyant, vision belle et claire...

Toi qui soupesas la pierre des cœurs,
La faire battre au rythme créateur.
La faire vivre enfin, lui rendre une ferveur
Et lier la pierre à la pierre.
Clairvoyant, animer de ton âme ces pierres
Qui forment le collier vivant
Du monde et se renvoient son sang
D'âge en âge.. Perpétuel collier vivant
Qui lie autour du temps et de la terre
La ronde des douleurs et de l'espoir dansant,
Et de l'espoir naissant.

--

Que tu sois tout donné à la tâche reçue,
Il le faut bien ; et tout voué au lourd labour
Il le faut bien, puisque tels sont le doux et lourd
    Labeur d'Orphée et sa souffrance élue —
    Puisqu'il faut forcer sa foi détendue
Pour féconder son cœur et fleurir en amour.

        Orphée, ah ! sois tout amour
        Puisqu'Eurydice est perdue.

CHANT III

LA LYRE D'ORPHÉE

24. — ORPHÉE A LA VOIX JUSTE

Tu es l'homme à la voix juste.

Infaillible voix

Que suivent couronnés de myrtes les poètes

Et les blancs prêtres-prophètes

Et les danseuses parfaites.

Maître, et ta lyre parfaite

Sachant obéir à ta voix,

Tu l'accordes selon les lois

Qui sagement gouvernent l'ordonnance

Mystique des cités, l'ordre des douze mois

Et l'harmonieuse cadence

Des sphères, et des chants divins, et de la danse.

Puissante donc comme ces lois

Se mesure, selon ton cœur, ta juste voix.

25. — LA LYRE, LA HARPE

Lyre : sept cordes se répondent,
  Sept pouvoirs sur sept mondes.
  Mais sur la harpe gronde
Un chant plus vaste et plus vivant.

Par les vertus des sept sons de la lyre
  Le poète, chantant,
  Voit les murailles se construire.

Mais sur la harpe au chant mouvant
Toute son âme au-delà des sept notes
Rêve pour elle-même, et rugit, ou sanglote.

Quelle règle? Quelle couleur de l'Océan?
  Ecoute les sons se répandre

Largement, au rythme du vent.
C'est toute l'âme avec ses flots et ses méandres,
Toute la harpe, tout le chant
Que le Barbare veut entendre.

26. — L'EAU MÊLÉE AU VIN

Que la Fable soit le sourire peint
Qui masque la pensée austère.

Un jour, Orphée, on nommera tes chants *Cratères*,
Comme ces vases où l'eau claire
Est mêlée au vin.

Eau des sources, légère,
Qu'animent la profonde et vivante lumière
Les rythmes éternels et simples de la terre.
Tu n'y mêles qu'un peu de vin,

Le vin fermente en toi, farouche,
Lourd de secrets et de fureurs.

Vois se pencher la soif horrible des bacchantes
Vers ton cœur douloureux où le vin pur fermente.
Les hommes ne sont faits que pour la douce eau !
        L'eau régulière, sans couleur,
        L'eau qui tient dans leurs pots, l'eau len
Orphée, il faut oser leur enseigner le vin
Lourd de fureur humaine et de secrets divins.

Mais c'est chacun de nous qui doit faire âme neuve.
Et la foule? Regarde... Ayant initié

Sans épreuves,

Tu dois mourir. La foule attend que, châtié,
L'homme prométhéen tombe enfin, foudroyé.

Marqués d'infamie,

Tes disciples sont rejetés

Hors du temple et de la cité

Et la foule est ton ennemie.

.

Il faut l'aimer, Orphée, et donner ton génie.
Et, sans voir, donner ton génie.

28. — LA LYRE ET LES HOMMES

Arrachée à l'arbre fleuri,
La fleur que plus rien ne nourrit
Voit la faiblesse de sa tige
Abaisser son hautain prestige.

Qui se veut clore en soi ne sera pas nourri
Comme un cœur que les cœurs abreuvent d'eau profonde.

Orphée, ah ! ne soit point le dieu hautain proscrit
De la communion des puissances fécondes,
Que l'homme en toi sur les hommes se fonde.
Ouvre ton cœur au sang des hommes et du monde.
Ouvre. Et ton cœur sera nourri.

27. — LA STATUE GAINÉE

Les âges,

Longue chaîne où les vivants

Traînent les morts et leurs défunts mirages.

La lyre conduira les âges.

Chacun des temps la nourrissant,

Elle crée à chacun son verbe et son image.

Qu'un âge meure, elle a formé d'autres visages ;

Elle chante aux nouveaux élus le chant suivant.

Et d'espoir en espoir, de langage en langage,

Le dieu gainé s'éveille et déchire ses liens.

Portant déjà le chant des hommes de demain,

Le Poète leur appartient,

3o. — LES CHERCHEURS DE FABLES

Pour éveiller en nous le besoin de connaître,
    Quelles fables sais-tu conter?

Que des voiles brodés drapent ta vérité.
Conte, Orphée, et dis-nous ta patrie et tes maîtres;
    De quels dieux naquirent tes dieux;
Sous quels aspects changeants l'on doit naître et renaît
Dans les combats où s'équilibrent les douze Etres,
    Auquel des Douze vont tes vœux
    Et de quel préférable dieu
    Tu veux que nous servions les prêtres.

31. — ORPHÉE LE THRACE BLOND

Orphée, assis au pied du saule, vous répond.
Il sait que vous craignez la sagesse implacable,
La nudité pâle de la raison ;
Il vous dira toutes ses fables.

Il est le Thrace blond.
Le fils de la Thrace sacrée,
Terre sauvage aux roches embrumées.
Les Hyperboréens, favoris d'Apollon,
Sont ses frères humains ; et ses mères divines
Sont Calliope et l'infernale Proserpine.
Son père est Zeus l'impérieux.

Car le Poète est fils de dieu
Et reprendra son rang de dieu.

32. — ORPHÉE REVENU DES ENFERS

Qui t'instruisit dans les divins symboles?
Qui t'enseigna les secrets et les noms?
Car le sage est celui qui redit les paroles...

Orphée, assis au pied du saule, vous répond :
Il a subi les épreuves, docile,
Aux rites crétois des Dactyles
Il n'a trouvé ni l'extase, ni la terreur.
Juste harmonie, il est descendu pour te suivre
Aux enfers divins des vieux livres.
Puis te cherchant encore, a médité, meilleur,
Dans la caverne obscure de son cœur.

33. — ORPHÉE ET LES DISCIPLES

Qu'enseigne-t-il? Quels mystérieux artifices?

Ses disciples sont près de lui, vêtus de blanc.
Les Purs, les Saints, qui n'offrent point de sacrifice
      Mais écoutent d'un cœur fervent,
      Mais reçoivent d'un cœur fervent
Le paisible pollen des discours fécondants.
Et la sagesse en eux voit croître ses prémices.

A quoi bon des colliers de mots pétrifiés
Grain à grain reliés et vite éparpillés?
    Mémoire, grelot mort, et qui s'évertue...
     Ils attendent purifiés,

Nourris du pain sacré, dédiant la chair crue
Des taureaux, où revit Zagreus, le dieu qu'on tue.
Qu'apprennent-ils? A rester éveillés,
A garder une âme légère,
En attendant qu'un jour leur cœur s'éclaire,

34. — LES BATELEURS

La Pureté les clôt dans leur blancheur,
Les disciples fervents qu'on ignore et qu'on raille
Parce que, sous leur blanc manteau, des bateleurs
Vendent de faux secrets et d'impures médailles.

35. — ORPHÉE AU PIED DU SAULE

Maitre, en quels farouches décors
Déroules-tu, la nuit, l'ordre de tes mystères?

Non. Point de lieu secret, de sanctuaire ;
Non plus, à la lueur des torches, de mystères
Simulant à grand bruit le cycle de la mort.
Qu'il suffise de méditer, et de se taire.

Assis sous le saule infernal
Du bois sacré de Proserpine,
Orphée explique les doctrines :
Comment l'Impur se mêle au Pur initial,
Comment Psyché renaît dans notre cri final.

Homme d'un dieu, je ne veux pas que tu renies.
Que m'importe l'eau qui te purifie,
Pourvu qu'un lieu pur en toi s'édifie ?
Sous la majesté des théogonies,
Le vrai paraît, rose sourire offert
Au sage attentif qui jamais ne nie.

Orphée est près du saule et son cœur est ouvert,
Ouvert à tout le vrai, ouvert
A l'ordre, la paix, l'harmonie.

CHANT IV

LES FABLES D'ORPHÉE

36. — UNE FABLE D'ORPHÉE

« Premièrement, le temps : moteur de l'Univers,

Créateur incréé, vibration qui fonde.

Naissent du Temps (ceux-ci) : le Chaos et l'Ether.

Du Chaos recevant l'Ether naît l'Œuf du Monde,

Et chaque point vivant est comme l'Œuf du Monde.

Se divisant, l'Œuf, le Cosmos,

Dégage le subtil, le Ciel, du lourd, la Terre.

Ainsi naît un domaine à la Déesse-Mère.

Mais le Démiurge est Eros.

« Eros ! Il dispose avec harmonie

Sur la frondaison du grand chêne ailé

Le beau voile peint où sont révélés

L'abîme vert d'Ogen et la Terre fleurie .»

37. — UNE FABLE D'ORPHÉE

Devant elle flottant et par elle porté
Un Péplos éternel couvre l'Humanité
      Et la tient tissue en sa trame ;
Et chaque homme est un fil du grand peplos vivant,
Un battement léger du grand rythme mouvant,
Un reflet merveilleux de l'immortelle flamme
Par qui tout le peplos s'anime, cœur fervent,
Et brille de l'intime et haute ardeur de l'âme.

      O grand Peplos humain, vivant,
      O beau Peplos de feu vivant.

38. — UNE FABLE D'ORPHÉE:
LE PASSÉ MEURTRIER

Les Titans, lourd passé grognant. Bondis, Jeunesse,
Et qu'ils s'écroulent sous ta foudre vengeresse.

Dans la caverne, mal veillé, dormait l'Enfant,
Le dieu qui doit payer son trône de son Sang.
Ils ont déchiré le corps de l'Enfant,
Ils l'ont fait bouillir. Ils ont bu le Sang.
Mais le cœur leur échappe et le cœur de l'Enfant
Reforme sa substance immortelle et son Sang.
Roule la foudre st croulent les Titans.
Et l'homme est né des cendres des Titans.

Cendres du lourd passé, où brille par parcelles
La substance du dieu, Dionysos enfant.

O dégage-toi, substance immortelle.

Cœur, échappe-toi. Renais, Dieu-Enfant.

39. — ORPHÉE EXPLIQUE

Enseigne-nous. Que les mystères se dépouillent.

L'étrangère Psyché se désole et se souille
    Dans notre corps depuis toujours souillé
    Du lourd limon des Titans foudroyés.

    Lave ton âme, sans attendre
De renaître à travers les douloureux méandres.
Ah ! lave-toi, pieusement, des lourdes cendres.

Fils des Titans et fils du dieu, purifie-toi.
Choisis ton père, et tends vers lui ton cœur. Haut. Droit.
Et jette tes démons à l'immonde. Nais. Sois.

40. — L'ÉPREUVE POUR L'HARMONIE

O pacte harmonieux des êtres,
Epreuve ce désir que guide ton appel
Et qui s'égare et tombe avant de te connaître.

O pacte harmonieux des êtres,
Souffrirons-nous longtemps de ne pas te connaître ?

Amour équilibré, lien qui lie aux ancêtres,
Souffrirons-nous longtemps de ton obscur appel ?

O pacte harmonieux des êtres,
Une coupe épandue en l'honneur des ancêtres
Ne suffit pas pour que ton règne puisse naître.

Une coupe épandue en l'honneur des ancêtres
Ne satisfait pas ton autel.

Il faut l'Ordre. Il faut l'Harmonie.

Até, qui nous aveugle et nous fait criminels,
Qu'elle ôte de nos yeux son bandeau de folie ;
Horcos, divin serment, violé, qu'on expie,
Plutôt soutiens-nous, serment solennel.
Il faut l'Ordre. Il faut l'Harmonie.

Mais il faut, attendant que tu sois obéie,
Dans notre chaos te craindre, Harmonie.
Et lourds, et grossiers, il faut qu'on expie
Le malheur d'ignorer ton spectre fraternel
Dont le rythme parfait convie
A chanter les grands chants du ciel.

Dis, auras-tu toujours besoin des Erinnyes ?

La faute au criminel se lie.
Le fouet des Gardiennes châtie
Le parjure, parjure au pacte d'harmonie.

Les ongles de fer des Harpies.

Harmonie, Harmonie,
Dis, auras-tu toujours besoin des Erinnyes

Et du sang des jeunes héros
Qui t'ont fait le don de leur destinée ?
Hautes âmes données
Et pour ton progrès âmes moissonnées.
Tu leur donnes paix et repos
Par les triples moissons des îles Fortunées.

Lamelles puissantes de l'or,
Sur votre vierge éclat, le fugitif délire
Qui reçut les secrets du rythme et de l'accord
En mots lourds de richesse obscure vient s'inscrire.
Délire formulé, porte des hauts essors.
Ainsi se garde, Rituel, en lames d'or
Pesantes, le sublime et fugitif apport.

Relis. Apprends les mots : Apprends à les redire,
Porte le talisman des mots,
Mystérieux message clos
Dont plus tard, en péril, tu briseras la cire.
Ouvre ta mémoire. Ecoute. Reçois.
Les mots s'ouvriront, beaux fruits mûrs, en toi.

42. — LA SOURCE DE MÉMOIRE

« Heureux l'errant qui par l'image des mystères
Vit le chemin, avant de descendre sous terre. »

Chez Hadès, tu retrouveras le cyprès blanc.

Ayant franchi des eaux maudites, lourdes, noires,

N'ayant point bu l'eau d'oubliance, lourde et noire,

Tu retrouveras près du cyprès blanc

Une source qui te rendra l'ardeur de boire,

La source où reparaît l'eau du lac de Mémoire.

Tu parleras aux monstres vigilants

Qui doivent éprouver, hurlants,

La soif d'ascension que ta présence atteste,

Car il faut que ta soif elle-même s'atteste.

« *Je suis fils de la terre et du ciel scintillant*
Et mon origine est céleste. »

Et t'approchant de ton image, tu boiras.

Ayant bu tu verras enfin ! Tu reverras !

43. — LES DEUX ROUTES

Devant l'errant se bifurque la route.
A gauche, rouge. Bleue à droite. Doute.
De laquelle entendre l'appel ?
Deux routes. L'une monte, étroite,
L'ouranienne, la haute et bleue, ô fils du Ciel.
Mais la rouge, ô fils du limon charnel,
S'ouvre, sol compact... Deux chemins. Lequel ?
Fils du Ciel, connais-toi. Reconnais. PRENDS A DROITE.

44. — LE VOYAGE DE L'AME

En deux troupes vont les âmes des morts.
L'une s'attache, obstinée, à la terre ;
Autour de nous, lourde, affligée, elle erre.
Et l'autre, au sûr et prompt essor,
Forme des chœurs et des rondes splendides
Dans la lumière où vit pour le total accord
Chaque étoile et son nombre et son chantant essor.

Errant, errant, avoir un guide !

45. — LA COURONNE DE PSYCHÉ

Psyché voguant parmi les mille astres chanteurs,
Mélodieusement aux sept chants accordée,
Chantera son bonheur, ayant été guidée ;

« Je me suis envolée du cercle de rigueur.
Du cercle descendant des profondes douleurs.
       Et rapide je suis entrée
       Dans la Couronne désirée.
       Ainsi mon chemin s'est ouvert :
       J'ai traversé le sein de Perséphone,
       Terrestre reine des enfers ;
Je m'élève: Cercle montant. Passage ouvert. »

Souviens-toi de Psyché, naissant papillon clair,
Et tu contempleras le mot de feu : COURONNE.

CHANT V

LE CRATÈRE
DIONYSOS ET D'APOLLON

46. — LES CHERCHEURS DE VÉRITÉ

La vérité ! Dis-nous toutes les vérités.

Engraisse-nous du sang fumant de tes pensées.

Tes dernières, dis-les — encore surpassées !

Cherche avec nous tes vérités.

Construis-nous quelque dieu que l'on puisse adopte

Dis-nous toute la vérité,

Orphée.

O prophète des Thraces blonds,

De quels prêcheurs barbus suivrons-nous les sermon

Ceux de Bacchus, ceux d'Apollon?

- - -

47. — LE RIRE D'ORPHÉE

Tu ris. Pourquoi ton rire, Orphée ?
Est-ce montrer cervelle si brouillée
Que d'interroger pour savoir
A quel autel suspendre son espoir ?

Deux temples espacés que les hommes séparent.

Là, c'est le dieu joyeux qui se livre aux douleurs,
Le Dionys vers qui s'égarent
A des poursuites par les monts ceints de chaleur
Ceux qui hurlent au son des instruments barbares ;

Nous interrogeons pour savoir
A quel dieu vouer notre espoir.

48. — APOLLON L'HYPERBORÉEN

Quand fermente par toi la Pythie en délire
Tu réfléchis la paix de sept mondes sereins.
Te chargeant du souci de conduire et d'instruire,
Le septuple fardeau de la pesante lyre
T'accompagne, dieu blond, o hyperboréen.

O dévorant, qui restes seul et te consumes,
Dieu soumis à la Passion,
L'or glorieux de tes rayons
Eclaire un cœur désert où rêve l'amertume.
Ainsi, puissant et vagabond,

Universel témoin qui surveille et dirige
Et connaît les secrètes lois de tout vertige,
Ainsi règne et s'attriste Apollon, le dieu blond.
Harmonie et lumière, il sait que le mystère
Dans les veines du monde agit et se répand.
Assis sur l'Omphalos, au centre de la terre
Et touchant de ses mains cette vibrante pierre
Qui porte le vibrant trépied du sanctuaire,
          Le dieu delphique, frémissant
Au double battement du sol et de son sang,
Te gouverne et s'unit à ton frémissement,
          Python, tellurique Serpent. ·

Ainsi, sur l'Omphalos, au centre de la terre,
Ecoutons résonner en notre plus profond
          La rythmique vibration
De notre sombre cœur solaire, et de la Terre.

49. — DIONYS L'INFERNAL

Mais cet Apollon souterrain,
Nous reconnaissons au passage
Les tigres fous de son rouge attelage ;
C'est le chef emporté par ses bêtes sauvages.
Oïoh ! Crions son nom divin :
Bacchus aux cheveux de raisin.

Inépuisable cep, dont les fruits lourds étalent
Sur le monde la sève ardente, le sang mûr
Qu'il a puisé, profondément, au gouffre obscur,
Dans les ténèbres infernales,
Dans l'humide foyer de la vie infernale.

(Là, son tombeau vit, sous l'Omphale.)

Le nom jailli du beau sang créateur.
Oïoh ! BACCHUS ! Qu'il soit la multiple clameur
Répercutée et qui transmet son cri sauveur.

       Ah ! ses sarments roux, qu'on les hache ;
       Ses beaux bras clairs, qu'on les arrache.
Dans le délire bouillonnant du dieu qui meurt
       Que naisse alors l'ivre clameur,
       Le cri de libre force neuve
       Qui vous franchira, humaines épreuves...

Douleur divine, inépuisable fleuve
       Où la joie du monde s'abreuve.

Sang de la grande Vigne pure, sang sauveur ;
       Sang qui coulera dans le sang des mystes,
Chargé de furieuse joie et de douleur ;
       Toujours vaincu, tué, naissant, vainqueur ;
Embrasé de triomphe immortel, sang sauveur.
Sang du multiple Eros où le désir persiste ;
Sang dédié, pure boisson, où coexistent
Et se rejoignent l'homme et le dieu ; sang sauveur...
Sang, humidité chaude où le désir persiste.

(Dionys deux fois né, multiple Eros danseur,)
Nocturne et lumineux, véridique et trompeur,
Dieu fou que guérira l'apaisante Cybèle,
Juvénile et barbu, hostie et dieu rebelle
Qui fait bondir dans les montagnes sa fureur.

5o. — SOLITUDE D'APOLLON

Chef que cerne de feu désert son diadème,

Dieu jaloux même de lui-même,

Violent cœur obscur

Qui détruit ce qu'il aime,

Brasier suprême où tout se disjoint, feu trop pur.

L'homme têtu qui te poursuit, qui s'illumine

De ta splendide et solitaire ardeur divine,

Voici que déjà le calcine

Ton haleine dans sa poitrine.

Il se consume. Et veut encore. Et puis, un jour,

Il tremble et n'ose plus se jeter au délire,

L'homme blessé par le torride amour.

De ce cœur trop ardent que tes rayons déchirent.
Et l'homme d'un seul dieu comprend trop tard, un j
Qu'il ne veut plus mourir sous le poids de la lyre.

Et le dieu solitaire et jaloux sent plus lourd
L'inséparable poids de la sublime lyre.

51. — LES COMPAGNES DE DIONYS

Mille bouches : « Bacchus aux cheveux de raisin !

« Dionysos de Thrace et de Phrygie ! »

Iacchos, le chant qui marche en claire théorie,

L'entoure de flambeaux et de sistres d'airain.

Et vers son char traîné de fauves bactriens

Roule un ardent cortège de folie :

Les baladins savants en obscures magies,

Les archers à l'œil bleu venus du nord lointain,

Les sages accourus des déserts indiens

Et la bacchante avide ouvrant bouche d'orgie.

Elle accourt.

Les danseurs enfiévrés par la flûte phrygienne

Font redoubler cymbales et tambours.

Par les sommets, sous les couverts de chênes,
Au profond de la nuit vivante et souterraine
Qui prépare le jour après la mort du jour,
Court la danse que le dieu mène.
Cybèle des forêts, dont sonnent pour Attis les cris d'amour,
A vu ses compagnons, âmes des montueux et verts domaines,
Quitter les frais festins de rude sève et courir aux tambours.
Les Corybantes nus, entraînés dans la danse et le vacarme
Rythment du fracas heurté de leurs armes
L'appel des mains et des tambours
Qui proclame, parmi les nocturnes alarmes,
La résurrection de la vie et du jour.

Et la purifiante et sauvage Cybèle
Qui se plaît au grand vent qui fait mugir les monts,
Aux cris des loups et des lions ;
La déesse puissante et rebelle, Cybèle
Aux vivifiantes mamelles ;
La rude mère naturelle des secrets ;
Cybèle,
Accompagne, la nuit, sous le bruit des forêts,
Dionys qui dénoue en riant les secrets,
Dionysos, Automne et Joie, Ivresse et Paix.

Quand il combat le loup nocturne Hiver
Sa mère l'accompagne et pleure, Démèter
Dont la puissance calme se déploie
En ordre clair
Sous les sages moissons qui parent l'univers.

Le cortège nocturne agitant sa folie
Acclame Dionys de Trace et de Phrygie.

———————

Et l'homme d'un seul dieu ivre et mystérieux
Se perd dans l'extase.
Bouillant comme le vin ténébreux dans le vase
D'or, l'homme d'un seul dieu
Se perd tout entier dans la folle extase.

Tumultueuse, impersonnelle extase.

O Dionys, rieur, impétueux,
Apollon, pur et rigoureux,
Voyez, sous votre amour terrible qui l'embrase,
Se perdre l'homme d'un seul dieu.

52. — ORPHÉE ET LES DIEUX FRÈRES

Orphée est fils d'Apollon, le dieu blond ;
Les louves en folie en feront leur carnage...
           Mais sage,
Il n'est pas consumé par le feu d'Apollon.

Orphée est fils de la Thrace sauvage ;
Aux temples le voici prêtre de Dionys...
           Mais sage,
Le délire du sang ne l'a pas envahi.

Comme l'enfant en qui fleurissent,
Inscrites dans son cœur, deux forces qui s'unissent,

Orphée unit le double feu
De la stricte harmonie et du cri furieux.

Il sait qu'étant né de deux dieux
Il sera le cratère où s'unissent les dieux.

Son chant proclamera leurs chants mystérieux.

53. — LES DORIENS ET LES THRACES

Etre deux dieux vivant dans la claire lumière,
Fraternels et différents
Comme sont la vigne et le lierre !..
Comment ne pas s'aimer, l'un de l'autre contents ?
Comment ne pas sourire au miroir de son sang ?
Comment, comment se regarder avec colère ?

Apollon gardera les restes de son frère,
Bacchus Zagreus, tué par les Titans.

Vous autres, dressez vos haines fugaces,
Vouez une fumée à un vengeur divin,

Dionysos de Thrace, Apollon le Dorien
   Verront retomber vos haines fugaces.
Ils ne briseront pas la douceur de leurs liens
   Pour les combats des Doriens et des Thraces.

54. — LA RENCONTRE SOUS LE PALMIER

Au pied du palmier triomphal,
Tandis que Muses et Satyres
Frappent en leur honneur la corde et le métal
Les Musagètes sont unis et leur sourire
Etend en ondes lumineuses leur empire.
Et tous deux se font don de leurs signes : la lyre
Et la nébride, et le thyrse automnal.

Semblable à quelque roi dont le règne s'avance,
Et vêtu comme un personnage d'Orient,
Sous le palmier Dionysos est souriant.
Devant lui, pur comme l'enfance,

Le noble jeune homme lauré,
Apollon, portant l'olivier sacré,
Se drape avec décence.
Dionysos offre sa main
Et celle d'Apollon s'y pose.

Palmier, toi qui consacres les apothéoses
Et l'immortalité des princes des humains,
Jamais tu n'a paré triomphe plus serein.
Les mains des dieux se sont unies.
Sois témoin ; voici que naît l'Harmonie.

55. — LA PASSION DES DIEUX FRÈRES

Lequel est l'épi,
Le fils divin de la déesse,
L'image en qui se reconnaissent
Les épis mortels, qui renaissent ?
Lequel est l'épi
Qui sera pétri
Pour que l'homme soit nourri ?

Lequel est ta grappe,
Dansante ivresse, libres jeux,
Jeune force ravie aux dieux,
Image et puissance du feu ?

Ainsi s'unissent

Par la meule et par le pressoir,
Images de mort et d'espoir
Les dieux offerts au sacrifice.

56. — LE POÈME D'ORPHÉE
ou
L'ELLIPSE A LA COURONNE RAMENÉE

Quand chanterons-nous ton poème, Orphée ?

Quand les deux images du dieu,
Phoïbos aux chants harmonieux
Bacchos aux louves dégrafées,
Quand les deux dieux,
Dans le cercle parfait des flambeaux d'hyménée
Accomplissant leur destinée,
Sur le même autel seront réunis
Comme ils sont unis en leur fils,
ORPHÉE.

EPILOGUE

57. — LE RETOUR D'EURYDICE

Son juste sourire clair,
Si maintenant Eurydice
Te le rendait, offert,
Offrant, médiatrice et fondatrice
Dans son juste sourire clair
Une matière et des contours à ton génie ;
Toi, maître de l'harmonie,
Reposé des élans obscurs,
Appuyant ta pensée au large horizon sûr,
Tu ferais flamboyer vos lumières unies.

Et les ombres s'écarteraient de toi
Laissant place ;
Et tu suivrais en paix le chemin droit,
Ton regard mesurant l'espace
Et ton cœur au centre de toi.

L'auteur avertit qu'il s'est servi, pour certains passages, de quelques travaux historiques, qu'il a cru pouvoir interpréter, et de quelques inscriptions grecques.

Il laisse à ceux dont tel est le métier le soin de retrouver ces matériaux.

TABLE

CHANT II. — LA SÉRÉNITÉ D'ORPHÉE.

CHANT III. — LA LYRE D'ORPHÉE.

CHANT IV. — LES FABLES D'ORPHÉE.

CHANT V. — LE CRATÈRE DE DIONYSOS ET D'APOLLON.

ÉPILOGUE

Imprimerie CRÉTÉ — Corbeil — Février 1922.

CPSIA information can be obtained at www.ICGtesting.com
Printed in the USA
BVOW06s1009130415

395903BV00012B/74/P